AF189363

Kassel
lieben lernen

*Der perfekte Reiseführer für einen unvergessli-
chen Aufenthalt in Kassel inkl. Insider-Tipps und
Packliste*

Lina Klein

✈ INHALT

Das erwartet Sie in diesem Buch

Vielleicht sind Sie schon einmal an Kassel vorbeigefahren? Oder Sie haben in den Nachrichten oder über Bekannte von dieser mittleren Großstadt im Herzen Deutschlands gehört, waren aber selbst noch nie dort? Dann bekommen Sie nun Gründe von mir an die Hand gegeben, diese wunderschöne und heimelige Stadt zu besuchen. Denn nicht nur geschichtlich und kulturell, sondern auch in puncto Unterhaltung hat diese Stadt allerhand auf dem Kasten. Ich kann es beurteilen, denn ich wurde in Kassel geboren. Ich kenne diese Menschen, die Ihnen auf der Straße begegnen und deren mürrische Art Sie vielleicht zunächst abschrecken wird.

Aber wenn Sie offen sind und Lust auf Abenteuer haben, werden Sie sich hier sicher wohlfühlen.

Sei es nun der Bergpark, eines der bekanntesten Fleckchen Europas, das zum Verweilen und Entspannen einlädt und weshalb unter anderem jedes Jahr etliche Asiaten in die Stadt einziehen, die Brüder Grimm oder die breiten Fußgängerzonen, die zum Bummeln und Entdecken aufrufen – hier in Kassel ist für jeden etwas dabei.

Garantiert.

Kassel – eine Stadt für Jung und Alt

KURZER AUSFLUG IN DIE GESCHICHTE

Der deutsche König Konrad erwähnte Kassel, damals noch Chassalla oder Chassella geschrieben, zum ersten Mal am 18. Februar 913 auf zwei Urkunden.

Im Jahr 1277 wurde Kassel vom neuen Landgrafen als Residenz- und Hauptstadt der Landgrafenschaft weiter ausgebaut. Aufgrund der wachsenden Einwohnerzahl erweitere Landgraf Heinrich II. um 1330 die Stadt um den Stadtteil Freiheit.

Ab 1685 wurden in Kassel ca. 1.700 Hugenotten aufgenommen, für die man die Oberneustadt erbauen ließ. 1767 wurde die Unterneustadt mit der Oberneustand durch den Königs- und den danebenliegenden Friedrichsplatz verbunden. Dieser Platz war zu der damaligen Zeit einer der größten Stadtplätze von Deutschland.

Während Kassel 1806 von französischen Truppen besetzt wurde, erließ Napoleon ein Dekret und erschuf damit das Königreich Westphalen. Zu dessen Hauptstadt machte er Kassel. 1813 konnte Kassel durch russische Truppen aus der Gefangenschaft befreit werden und nahm seine alte Stellung im wiederhergestellten Kurfürstentum Hessens ein.

Es bildete sich ein bedeutender Romantiker-Kreis, bei dem sich unter anderem die Gebrüder Grimm und Adolf von Menzel trafen und das Hoftheater seine besondere Glanzzeit erlebte.

1848 bekam Kassel einen Bahnanschluss.

Zur Wende des 20. Jahrhunderts überschritt Kassels Einwohnerzahl die 100.000-Grenze und Kassel wurde somit eine Großstadt. Damit kamen die ersten Leiden daher, ein großer Wohnungsmangel herrschte und die Qualität des vorhandenen

Wohnraums war eher schlecht.

Neue Siedlungen wurden errichtet. Mit internationalen Kunstausstellungen in der Orangerie schuf man die ersten Vorläufer der heutigen Documenta.

Während des Nationalsozialismus wurde die Innenstadt von Kassel am 22./ 23. Oktober 1943 aufgrund eines Luftangriffs nahezu vollständig zerstört, ebenso wie die Altstadt, die aus Fachwerkhäusern aus dem Mittelalter bestand. Viele Tausend Menschen starben in den Flammen.

Die Stadt gehörte nach Ende des Zweiten Weltkrieges zur amerikanischen Besatzungszone. Sitz des Regierungsbezirks ebenso des Landkreises Kassel konnte sie aber bleiben. Statt den Titel als Bundeshauptstadt zu erhalten (Kassel verlor gegen Bonn), wurde ihr der Sitz des Bundesarbeitsgerichts und -sozialgerichts zugesprochen. Das Bundesarbeitsgericht zog aber später nach Erfurt.

1991 erhielt Kassel einen ICE-Anschluss, nachdem eine der ersten Neubaustrecken der Bahn endlich fertiggestellt wurde.

Anfang der 2000er Jahre wurden in Kassel etliche Verkehrsbauten aus der Nachkriegszeit abgesperrt, zugeschüttet oder abgerissen. Dazu zählten auch der U-Bahnhof am Hauptbahnhof sowie die Unterführungen, z. B. am Altmarkt.

Das Hessische Statistische Landesamt hatte zum 31. Dezember 2018 201.585 Einwohner in Kassel ermittelt. Und die Tendenz ist steigend.

Wussten Sie schon?

Am 13. September beschloss die Kasseler Stadtverordnetenversammlung, einen Antrag beim preußischen Staatsministerium zu stellen, um das C in **Cassel** tilgen zu lassen. Statt **Cassel** sollte die Stadt an der Fulda **Kassel** heißen. Am 04. Dezember stimmt das Ministerium diesem Antrag zu.

Das Wappen von Kassel zeigt einen blauen Schild, der von links oben nach rechts unten mit einem silbernen Schrägbalken durchtrennt wird. Im oberen Feld befinden sich sechs, im unteren Feld sieben dreiblättrige Kleeblätter. Die Bedeutung des Wappens ist offiziell nicht geklärt. Es stammt aus dem 15. Jahrhundert. Manche meinen, es stelle die Fulda und die Fischerhütten dar. Andere wiederum meinen, die Kleeblätter stünden für die Zahl der damaligen Ratsherren zu Seiten der Fulda

BRÜDER GRIMM

Die Brüder Jacob und Wilhelm Grimm wurden 1785/86 in Hanau geboren, kamen nach dem Tod des Vaters nach Kassel und besuchten dort die Schule. Nach dem Studium kehrten sie für rund 30 Jahre dorthin zurück. Sie arbeiteten als Bibliothekare und sammelten, dokumentierten und überarbeiteten unzählige Märchen und Sagen, wegen der sie später berühmt wurden. Generationen von Kindern wurden mit diesen Märchensammlungen groß und auch Bücher wie die „Deutsche Grammatik" oder das „Deutsche Wörterbuch" fanden hier ihren Anfang. Damit gelten sie bis heute nicht nur als Märchensammler, sondern auch als Wegbereiter der deutschen Sprachwissenschaften.

Vor ihrem Haus der nördlichen Torwache am Anfang der Wilhelmshöher Allee steht heute das Brüder-Grimm-Denkmal von der Künstlerin Erika Maria Wiegand.

Die Bedeutung der Brüder für Kassel zeigt sich auch in der umfassenden Grimm-Sammlung, die neben Büchern und Briefen der Brüder zahlreiche Zeichnungen des Malerbruders Ludwig Emil Grimm umfasst. Diese Objekte werden in der Ausstellung der GRIMM Welt gezeigt, stehen aber auch international zur Verfügung. Seit 2011 gibt es an der Universität Kassel die Stiftungsprofessur Brüder Grimm und 2015 wurde die Grimmwelt eröffnet, die das Lebenswerk der Brüder Grimm zeigt.

Ihren Ursprung haben viele Figuren und Orte aus den Märchen der Brüder Grimm in Kassel und seiner Umgebung. Dornröschen wird beispielsweise der Sababurg zugeschrieben und Rapunzel auf der Trendelburg vermutet. Aus diesem Grund wird der Landkreis als Märchenland bezeichnet und liegt Kassel im Zentrum der deutschen Märchenstraße.

Wussten Sie schon?

Wilhelm Grimm starb 1859 und Jacob Grimm 1863. Sie wurden Seite an Seite in Berlin beigesetzt.

BEDEUTUNG HEUTE

Ohne Funktionen einer Hauptstadt (wie zwischen 1277 und 1866) ist Kassel heute als drittgrößte Stadt Hessens unter anderem Heimat des Regierungsbezirks und Sitz des Landkreises Kassel sowie des Bundessozialgerichts.

Kassel ist auch eine Universitätsstadt. Die Universität ist die nördlichste in Hessen. Sie wurde 1971 als Modellversuch einer Gesamtschule auf dem ehemaligen Henschel-Fabrikgelände gegründet und trägt heute den Namen Universität. Das Studienprogramm ist vielfältig und umfasst neben Kunst auch Bauingenieurwesen und eine Vielzahl an Geistes- und Kulturwissenschaften. Das Studium kann an mehreren verteilten Standorten in der Stadt absolviert werden. Die Universität hat sich modernen Studienangeboten sowie Gesellschafts- und Praxisbezogenheit der Studiengänge verschrieben. Die Universität ist weltweit angebunden, wodurch international anerkannte Abschlüsse möglich sind. Sie ist nur zehn Minuten von der Fußgängerzone entfernt und damit in die Innenstadt integriert.

Internationale Bekanntheit erlangte Kassel

allerdings durch den Bergpark Wilhelmshöhe mit seinen Wasserspielen und der Documenta. Seit 2013 zählt der Bergpark in Kassel sogar zum Weltkultur-erbe der UNESCO.

Von der einst eindrucksvollen Architektur wurde im Zweiten Weltkrieg der Großteil durch Luftangriffe zerstört. Nur noch wenige Gebäude konnten erhalten werden, weshalb das Stadtbild nun von typischer 50er-Jahre-Architektur dominiert wird.

Kassel ist aufgeteilt in 23 **Stadtteile**:

Bad Wilhelmshöhe	Bettenhausen
Brasselsberg	Dönche
Fasanenhof	Forstfeld
Harleshausen	Jungfernkopf
Kirchditmold	Mitte
Niederzwehren	Nord-Holland
Nordhausen	Oberzwehren
Philippinenhof-Warteberg	Rothenditmold
Südstadt	Süsterfeld-Helleböhn
Unterneustadt	Waldau
Wehlheiden	Wesertor
Wolfsanger Hasenhecke	

Die alten Ortskerne sind schon lange Teil der Stadt und daher für Besucher eher unbekannt. Doch eben diese alten Ortskerne sind sehr gemütlich, auch wenn sie mit richtigen Fachwerkstädten nicht mithalten können. Wenn Sie dennoch eine Reise unternehmen wollen, besuchen Sie doch diese Stadtteile:

- Niederzwehren ist das Märchenviertel von Kassel und besitzt ein noch fast geschlossenes Ortsbild aus Fachwerk. Hier liegt die ehemalige Wohnung von Dorothea Viehmann.
- Wahlershausen ist der historische Kern von Wilhelmshöhe. Dort kann man in eine dörfliche Kulisse unweit des Bahnhofs eintauchen.
- Kirchditmold besitzt wahrscheinlich das stattlichste noch erhaltene Fachwerkhaus von Kassel.

Documenta

Die Documenta fand erstmals 1955 statt. Gegründet wurde sie von Arnold Bode, einem deutschen Maler, Künstler, Kurator und Kunstpädagogen. Er zeigte im zerstörten Fridericianum Kunst, die während des Zweiten Weltkrieges nicht gezeigt werden durfte. Zum einen wollte man zuvor diffamierte Künstler rehabilitieren und gleichzeitig Deutschland wieder in die Reihe der Kulturnationen eingliedern. Niemand rechnete mit ihrem Erfolg.

Heute findet sie alle fünf Jahre statt. Jede Ausstellung ist geprägt von der Idee und dem persönlichen Konzept eines einzelnen Ausstellungskurators. Damit folgt sie nicht den aktuellen Tendenzen, sondern lenkt auf ihre Art das Gespräch über Kunst in neue Bahnen. Sie dauert insgesamt 100 Tage, deswegen wird sie auch als Museum der 100 Tage bezeichnet.

1992 wurde die Documenta Halle am Friedrichsplatz erbaut. Sie ist ein Ausstellungs- und Veranstaltungsort und bietet mit 1400 m² Ausstellungsfläche und Fläche für Büro und Gastronomie im jeweiligen Ausstellungsjahr den Ausstellern genug Platz für ihre Kunst.

Heute ist die Documenta die international wichtigste Ausstellung für die gegenwärtige Kunst in Westdeutschland seit Ende des zweiten Weltkrieges.

Einige Bauwerke im Rahmen der Documenta sind:

- Spitzhacke: Documenta-Kunstwerk mit Standort am Fuldaufer
- Brüder Grimm- Denkmal: zu ihrer Bedeutung und ihr Werken für Kassel
- Documenta- Rahmenbau: Documenta-Denkmal als Erinnerung an den Triumphbogen, befindet sich unterhalb der Terrasse zur „Schönen Aussicht" mit Blick in die Karlsaue
- Himmelsstürmer-Skulptur: Standort auf dem Vorplatz des Hauptbahnhofs

Jedes Jahr (bis auf die Jahre, in denen die Documenta stattfindet) veranstaltet die Stadt zudem die Museumsnacht. Dabei haben viele Museen bis 1 Uhr nachts geöffnet. Hierzu kann man ein Sonderticket erwerben, mit dem man berechtigt ist, alle teilnehmenden Museen zu besuchen.

KLIMA UND NATUR

Kassel liegt in einem Talkessel an der Fulda und ist umgeben von einer reichen Waldlandschaft. Große Parkanlagen grenzen direkt an die Stadt an: der Naturpark Habichtswald, der Naturpark Meißner-Kaufunger Wald, Münden und der Reinhardswald. Kassel liegt an der Märchenstraße und die Landschaft macht Märchen und Sagen aus der Umgebung lebendig. Teilweise liegt also unberührte Natur um die Stadt. Diese bietet Naturbegeisterten ein ausgiebiges Wander- und Radfahrerlebnis, um die Landschaft mit den malerischen Orten zu erkunden. Kassel weißt zudem ein deutlich milderes und wärmeres Klima auf als die umliegenden Mittelgebirge, vor allem im Sommer. In seinem Talkessel ist Kassel gut vor Unwettern geschützt.

Die Fulda fließt durch Kassel hindurch bis nach Hannoversch Münden (eine Stadt nördlich von Kassel gelegen), um sich dort mit der Werra zur Weser zu vereinen.

Wussten Sie schon?

„Wo Werra und Fulda sich küssen, sie ihre Namen büßen müssen, und hier entsteht durch diesen Kuss Deutsch bis zum Meer der Weser Fluss", lautet der Spruch auf einem Stein an der Stelle, wo Werra und Fulda zusammenfließen.

Eine ungewöhnliche Berühmtheit erlangte Kassel als europäische Hauptstadt der Waschbären, da die Stadt eine ungewöhnlich hohe Kleinbärenpopulation aufweist. Dies liegt daran, dass im Jahr 1934 Waschbären am Edersee ausgesetzt wurden. Diese vermehrten sich so rapide, dass sie sogar das Stadtgebiet besiedelten. Seit Jahren sieht man davon ab, sie zu jagen, sodass sie inzwischen eine feste Institution in der Umgebung sind und einfach zum Stadtbild dazu gehören.

SO LEBT ES SICH HIER

Bei einer Einwohnerzählung 2018 ermittelte man 200.736 Einwohner in Kassel.

Laut einem Ranking, das 2011 im Auftrag der Wirtschaftswoche und der Initiative Neue Soziale Marktwirtschaft durchgeführt wurde, belegt Kassel im Vergleich zu 50 der größten deutschen Städte Platz eins. Gründe hierfür waren der Anstieg der sozialversicherungspflichtigen Beschäftigten, eine rückläufige Arbeitslosenzahl und ein Anstieg des durchschnittlichen Einkommens. Platz drei erreichte Kassel sogar in der Kategorie Lebensqualität. Ausschlaggebend hier waren die Erreichbarkeit der Autobahnen, die Anzahl der Ärzte, wie gut die Kinderbetreuung durch Kitas abgedeckt ist und die Anzahl der Erholungsgebiete.

Dabei gelten Kasseläner mitunter als mürrisch und nicht kommunikativ, dem Gespräch liegt oft ein pessimistischer und schlecht gelaunter Grundton zugrunde. Jedoch meint man es nicht böse, so sind die Einheimischen einfach. Und wenn man nett fragt, kommt meist auch eine nette Antwort zurück.

Der regionale Dialekt im Kasseler Raum ist *Kasselänerisch*, eine Variante des Nordhessischen. Zur

Zeit der Reformation wurde der Kasseler Dialekt in den höheren Bildungskreisen zunehmend weniger gesprochen, stattdessen eroberte die Hochsprache die Welt. In der Literatur findet man den Dialekt daher eher selten.

Wussten Sie schon?

In Kassel werden die Einwohner unterschieden in:

Kasseler sind die hinzugezogenen in Kassel lebenden Menschen

Kasselaner sind die in Kassel Geborenen

Kasseläner sind die in Kassel geborenen mit zwei Elternteilen, die selbst Kasselaner sind.

Die Herkunft dieser Einteilung ist nicht bekannt und beinhaltet keine Rechte oder Pflichten.

In Kassel erscheint als Tageszeitung die HNA (Hessische/ Niedersächsische Allgemeine) durch den Dierichs Verlag und kann in jedem Geschäft oder als Abonnement zu Hause erworben werden. 2006 wurde zudem die *kassel-zeitung* gegründet, eine kostenlose, freie Onlinezeitung und zweimal wöchentlich wird der *Extra-Tip* in Kassel verteilt und unterrichtet die Bürger über die neuesten Nachrichten.

Der beliebte Sender FFH hat sein Nordhessen-studio in dem Gebäude der HNA und Radio Bob sendet aus einem Haus an der Friedrich-Ebert-Straße. Kassel hat auch einen eigenen Radiosender und zudem sogar einen eigenen Fernsehsender: das Freie Radio Kassel den Offenen Kanal Kassel. Beides ist über analoges und digitales Kabel empfangbar.

KASSLER UMLAND

Kassel liegt inmitten mehrerer Gemeinden im Mittelgebirge, die es umgeben und mit ihrem Angebot von Freizeitaktivitäten nicht geizen. Abgesehen von einem tollen Rad- und Wanderweg– Netz gibt es verschiedene Burgen und Schlösser. In diesem Zusammenhang zu nennen sind beispielsweise die Burgruine Falkenstein, das Schloss Wilhelmsthal mit seinem Park, das Dornröschenschloss Sababurg mit dem dazugehörigen Tierpark in Hofgeismar und die Weidelsburg in Wolfhagen als Ruine der größten Burganlage Nordhessens. Und auch das Glasmuseum in Immenhausen, die Burgruine Schauenburg in Hoof, der Martinstein in Schauenburg- Martinhagen und der Ahnepark in Vellmar sind auf jeden Fall einen Besuch wert.

Außerdem locken mehrere große Naturparks zu Ausflügen in die Umgebung: Naturpark Reinhardswald und der Naturpark Habichtswald mit seinen historischen Kulturdenkmälern.

Etwas weiter entfernt, aber ohne Frage einen Besuch wert ist der Edersee. Dabei handelt es sich um einen Stausee, der sowohl von Wassersportlern, Wanderern oder Radfahrern gut besucht wird. Angrenzend liegt der Nationalpark Kellerwald-Edersee. Die Sperrmauer des Edersees wurde zwischen 1908 und 1914 erbaut. Bei der Flutung verschwanden mehrere Dörfer von der Landkarte, die an höher gelegenen Plätzen neu errichtet wurden. Bei Niedrigwasser kann man die Ruinen dieser gefluteten Orte begutachten und auch begehen. Beim Bombenangriff 1943 wurde die Sperrmauer zerstört, wodurch eine Flutwelle ausgelöst wurde. Hunderte Häuser, Fabriken, Straßen und Bäumen wurden zerstört oder weggespült. Über die Anzahl der Todesopfer gibt es keine eindeutige Aussage. Seinen Vollstand hat der See im Frühling, spätestens aber Anfang des Sommers. Zum Spätsommer wird Wasser verstärkt abgelassen, um die Schifffahrt auf der

Weser aufrechterhalten zu können. Die Sperrmauer ist ein Besuchermagnet. Vor Ort finden sich einige Lokalitäten, die sich auf Touristen in der Gegend spezialisiert haben. Es gibt dort ein Museum, das an den Bombenangriff auf die Mauer erinnert. Dieses Museum befindet sich im Schloss Waldeck, das hoch oben auf einem Berg thront und ebenfalls ein Hotel beherbergt.

Ihr Aufenthalt

ANREISE

Über den Bahnhof Wilhelmshöhe ist Kassel an das ICE-Netz angebunden und kann verschiedene Schnellfahrstrecken quer durchs Land bedienen. Dies bedeutet eine gute Erreichbarkeit von jeder Himmelsrichtung aus. Aus diesem Grund hat der Bahnhof Wilhelmshöhe den einstigen Hauptbahnhof als Fernverkehrspunkt abgelöst. Er befindet sich zwischen dem Bergpark Wilhelmshöhe und der Innenstadt. Von dort kann man seine Reise bequem mit Straßenbahn oder Bus ins Herz der Stadt fortsetzen. Über die IC-Verbindungen ist aber auch eine Weiterfahrt zum einst als Kopfbahnhof erbauten Hauptbahnhof möglich. Dieser befindet sich am Nordwestrand der Innenstadt, diese ist also von dort aus gut zu Fuß zu erreichen.

Im Jahr 2007 wurde die bauliche Anbindung des Hauptbahnhofs an die RegioTram abgeschlossen. Diese verbindet als S-Bahn-ähnliches System das Eisenbahnnetz direkt mit der Kasseler Straßenbahn, sodass man das Stadtzentrum auch ganz ohne Um- oder Ausstieg aus dem Umland erreichen kann.

In Kassel selbst fährt die durch die städtische Kasseler-Verkehrs-Gesellschaft (KVG) betriebene Straßenbahn. Mit dieser sind auch manche Gebiete, die Kassel umgeben (beispielsweise Baunatal oder Hessisch Lichtenau) gut zu erreichen. Darüber hinaus existiert ein ganz gut ausgebautes Busnetz.

Hier lohnt sich entweder eine Tageskarte des ÖPNV oder Sie können bei gutem Wetter das ansässige Fahrradausleihsystem Konrad nutzen.

2015 hat der nördlich- westlich von Kassel gelegenen Flughafen Calden seinen Betrieb aufgenommen und fliegt seitdem regelmäßig verschiedene Urlaubsziele an. Zu diesen zählen beispielsweise Hurghada, Rhodos, Gran Canaria oder Mallorca.

Eine Anreise mit dem Fernbus ist auch möglich. Linien wie FlixBus oder Eurolines fahren Kassel auf ihren Routen an. Die Haltestellen befinden sich am Bahnhof Wilhelmshöhe und am Park & Ride- Parkplatz Kaufungen Papierfabrik. Von beiden Haltepunkten kommt man bequem mit der Straßenbahn in die Innenstadt, wobei die Fahrt von Kaufungen aufgrund der Distanz etwas länger dauert.

BEGRIFFLICHKEITEN

Es gibt Begriffe, die in Kassel für ihre Anwohner verständlich sind. Wenn man aber wie Sie neu in der Stadt ist, können diese Begriffe erst einmal für Fragezeichen sorgen. Dies können Abkürzungen für Straßen, Orte oder Gebäude sein. Hier eine kleine Übersicht von denen, die Ihnen begegnen könnten:

- Aue – gemeint ist die Karlsaue.

- Hopla – gemeint ist der Holländische Platz. Er liegt nördlich der Stadtmitte und der Universität, daher wird er meist von Studierenden benutzt. Auch kann hierfür der Standort der Universität gemeint sein.

- KÖ – gemeint ist die Königsstraße in Kassel oder auch der Königsplatz, dies ergibt sich aus dem Textzusammenhang.

- KuBa – gemeint ist der Kulturbahnhof und

ehemalige Hauptbahnhof. Dies führt oft zur Verwirrung, weil der als Hauptbahnhof bezeichnete Bahnhof gar nicht der Hauptbahnhof ist, sondern diese Aufgabe dem Bahnhof Wilhelmshöhe zufällt.

- Willi-Allee – gemeint ist die Wilhelmshöher Allee als Verbindung zwischen Bergpark Wilhelmshöhe und der Innenstadt.

UNTERKUNFT

In Kassel findet man für jeden Geldbeutel und jeden Wunsch die passende Unterkunft. Natürlich wird jede Suchmaschine, die bedient wird, ein anderes „bestes" Ergebnis zeigen, aber hier sind meine Top-Favoriten:

1. Das **Days Inn Hotel Kassel Hessenland** liegt so zentral an der Innenstadt, dass man hier nur wenige Schritte gehen muss, um mittendrin zu sein. Es wurde 1953 ganz im Stil der 50er-Jahre erbaut und ist ein charmantes Hotel aus Stahl, Beton und Glas sowie hohen Fensterfronten und spiegelt Stil und Komfort wider. Die Übernachtungskosten halten sich mit einem Preis ab 55,00 € im Rahmen.

2. Das **Wilhelmshöher Tor** besteht seit 2012 und ist das erste Biohotel in Kassel. Es ist etwas abseits gelegen, doch mit guter Anbindung zum Innenstadt-trubel. Es bietet dem Namen nach nicht nur ein reichhaltiges Biofrühstück und für den Gast bereit-gestellte Naturkosmetik an, sondern auch bewusstes Umgehen mit den Ressourcen: Öko-Papier, Strom ausschließlich aus regenerativen Quellen und die Möglichkeit für Elektrofahrzeugbesitzer, ihr Fahr-zeug an einer Ladestation zu laden. Eine besondere Aufmerksamkeit erhält hier auch die Mülltrennung. Die Übernachtungskosten schlagen hier mit 81,00 € aufwärts für Einzel- und ab 110,00 € für Doppelzim-mer zu Buche.

3. Für den gehobenen Anspruch gibt es in Kassel viele Angebote. Hier wird Ihnen das **Palmenbad** vorgestellt. Dies ist ein unter Landesdenkmalschutz stehendes Fachwerkhaus im Stadtteil Bad Wilhelms-höhe, das 2019 komplett umgestaltet wurde. Durch die Lage in Bad Wilhelmshöhe ist der Herkules nicht weit und man hat einen wundervollen Blick über die Stadt. Das Hotel bietet nicht nur ein reichhaltiges, unverpacktes Frühstück von regionalen Anbietern

im hauseigenen Restaurant an. Zusätzlich gibt es hier die Meinecard Plus als Eintrittskarte in etliche Freizeitangebote sowie für die Nutzung von Bussen und Bahnen. Die Übernachtungskosten variieren hier stark: 94,00 € zahlen Sie für die kleinste Zimmerkategorie, die Suite kostet bis zu 208,00 €.

HIER LOHNT SICH EIN BESUCH

Auf dem ersten Blick besteht Kassel nur aus einer trostlosen 50er-Jahre-Architektur. Wer aber ein wenig gräbt und genauer hinsieht, entdeckt noch sehr viel mehr.

Architektur

Wer gern Spaziergänge unternimmt, kann die Innenstadt Kassels erkunden. Im Krieg wurde der Großteil seiner bezaubernden Architektur zerstört, doch aufgrund der einstigen Bedeutung als Residenzstadt finden sich vereinzelt noch zahlreiche historische Gebäude vieler verschiedener Epochen. Diese stechen aus dem sonstigen Stadtbild klar heraus und können noch von den Anfängen dieser Stadt erzählen.

Als Beispiel kann hier die Brüderkirche

angelaufen werden, das zweitälteste Kirchenge-
bäude von Kassel. Außerdem ist die Martinskirche
mit ihren markanten Türmen einen Besuch wert.
Ebenso sehenswert sind das Ottoneum, das Rondell,
der Druselturm als Teil der ehemaligen Befesti-
gungsanlage und das Fridericianum, das ab und an
als Sternwarte benutzt wird.

Schon etwas weitläufiger im Stadtteil Vorderer
Westen kann man Gebäude im beeindruckenden Ju-
gendstil finden. Dabei handelt es sich vielerorts um
ganz normale Mietshäuser, die aber eine beeindruckend gestaltete Fassade haben. Auch in der Nord-
stadt oder im Wesertor gibt es Gebäude, die an die
Gründerzeit und die Frühmoderne erinnern.

Die zuvor genannte, dominante 50er-Jahre Architektur zeigt sich an vielen Gebäuden, beispielsweise am Kopfgebäude des Hauptbahnhofs, am Days
Inn Hotel oder der Treppenstraße. Dieser Architektur gegenübergestellt ist die etwas neuere Bauweise
der 90er-Jahre, was sich beispielsweise am Neubau
des Polizeipräsidiums oder der Unterneustadt offen-
bart. So zeigt sich die Stadt stets mit einem anderen
Gesicht ihren Besuchern.

Zwischen 1982 und 1987 wurden vom Künstler

Joseph Beuys und einigen freiwilligen Helfern zwischen der Documenta 7 und Documenta 8 zahlreiche Bäume an unterschiedlichen Standorten in Kassel gepflanzt. Das Projekt stand unter dem Namen „7000 Eichen – Stadtverwaldung statt Stadtverwaltung" und hatte zum Ziel, den städtischen Lebensraum nachhaltig zu verändern. Heute gehören die Bäume zu einem prägenden Bestandteil des öffentlichen Raums. Dabei sind nur etwa die Hälfte der Bäume Eichen, der Rest sind andere Laubbäume, insbesondere Eschen, Linden, Rosskastanien und Ahorn. Die Pflanzaktion verband zwei Ausstellungen miteinander und ist somit einmalig.

Wer eine Erfrischung braucht, kann hinunter an die Fulda gehen. Weiter nördlich lag dort nämlich zum Ende des 19. Jahrhunderts der Hafen von Kassel. Er wurde damals in erster Linie für den Gütertransport errichtet und war lange das Herzstück für die Binnenschifffahrt auf der Fulda. Die sichere Fahrt von Hann. Münden bis Kassel wurde durch Staustufen ermöglicht. Nach dem Gütertransport folgte schon bald der Personenschiffverkehr. Anschluss an die Großschifffahrtsstraßen waren geplant, wurden durch den Zweiten Weltkrieg jedoch unterbrochen und danach nicht mehr aufgenommen. Nach dem Zweiten Weltkrieg erlebte der Hafen noch eine kurze Blütezeit, doch weil die Schiffe immer größer wurden, reichten die Schleusen nicht mehr aus. Dem hoffte man mit einem Ausbau der Fulda entgegenwirken zu können, doch der Güterverkehr verlagerte sich immer mehr auf die Schienen. Der Schiffverkehr ging immer weiter zurück, bis der Hafen schließlich 1977 endgültig geschlossen wurde. Heute steht er ganz den Sportbootfahrern zur Verfügung, die ihre kleinen und größeren Jachten und Boote über das Wasser der Fulda führen.

Bauwerke

Die Liste der Bauwerke, die Sie in Kassel auf keinen Fall verpassen dürfen, ist lang. Sehr lang. Dennoch begrenze ich hier meine Vorschläge für einen Besuch auf ein paar wenige, die ich als Kasselanerin für besonders sehenswert halte.

Das **Ottoneum** steht in der Innenstadt am Steinweg in direkter Nähe des Friedrichsplatzes und wurde in Deutschland im Jahr 1605 als erstes freistehendes Theatergebäude der Neuzeit erbaut. Damit ist es eines der ältesten und schönsten Gebäude der Stadt. Seinen Namen hat es von Otto, dem

Lieblingssohn des Landgrafen, erhalten. Das Gebäude wurde im Zweiten Weltkrieg stark zerstört, hat es aber bis auf den Verlust einiger Exponate überstanden. Heute wird es als Naturkundemuseum benutzt und beherbergt eine der ältesten Sammlungen in Europa.

Es zeigt sehenswerte Artefakte über die Entwicklungsgeschichte der heimischen Welt und im steten Wechsel sind hier interessante Sonderausstellungen zu besuchen. Das Veranstaltungsprogramm ist vielseitig und ist ein Spaß für Jung und Alt.

Der Eintrittspreis ist für jeden Geldbeutel tragbar und für Kinder und Studenten gibt es Rabatt.

Die **Orangerie** liegt nicht weit entfernt vom Ottoneum und bildet den nördlichen Beginn der Karlsaue. Bereits von Weitem sieht man die gelb gestrichene Fassade leuchten. Eine große Terrasse trennt das Gartenschloss von der davorliegenden Karlswiese. Zwischen 1703 und 1711 wurde sie von Landgraf Karl dort erbaut, wo bereits 1568 ein ummauerter Schlossgarten mit einem kleinen Lustschloss am Südende angelegt worden war. Im Mittelbau überwinterten zahlreiche Lorbeer- und Orangenbäume. Daraus entwickelte sich die bedeutende

Kasseler Orangeriekultur. Die langen Galerien dienten als Festsäle. Nach der Besetzung Kassels durch französische Truppen war die Orangerie lange ein Lazarett und Magazin.

Im Zweiten Weltkrieg wurde sie stark beschädigt, später aber so weit möglich wieder hergestellt. Während der Documenta 2 im Jahr 1959 diente sie als Kulisse. Heute beinhaltet die Orangerie nicht nur das Astronomisch- Physikalische Kabinett mit dem darin integrierten Planetarium, mit dem auf die wissenschaftliche Bedeutung der Astronomie zu Zeiten von Landgraf Moritz Bezug genommen wird. Sie ist darüber hinaus auch ein idealer Veranstaltungsort für Hochzeiten, Tagungen und Events. Vor der Orangerie befindet sich die Hessenkampfbahn, die regelmäßig für Sportaktivitäten genutzt wird. Außerdem ist seit 1996 der „Planetenwanderweg" dort angesiedelt.

Die barocke Karlsaue ist dazu ein wunderschöner Ort zum Spazierengehen und Verweilen. Überall in der Aue finden sich kleinere Bauwerke und Statuen, die ihre Geschichte erzählen.

Ebenfalls nicht weit entfernt vom Ottoneum, quasi nördlich von diesem, liegt der **Marstall**. Er wurde zwischen 1591 und 1593 im Renaissance-Stil erbaut und beherbergte damals die Kunstkammer des Fürsten sowie die Bibliothek. Der Begriff Marstall war damals die Bezeichnung für einen Pferdestall für einen Fürsten. Heute wird der Begriff in Verbindung mit Stallbauten gesehen. Auch dieses Gebäude wurde im Zweiten Weltkrieg zerstört, jedoch nicht wieder aufgebaut, sondern durch einen Neubau ersetzt. Es wird von seiner neumodischen stark dominiert und eine Mauer grenzt den früher offenen Platz von der Umgebung ab. Dennoch ist es heute trotz des städtebaulichen Bruchs eines der schönsten Gebäude der Innenstadt. Heute befinden sich dort die Markthalle und das Stadtarchiv von Kassel. In der Markthalle werden frisches Obst und Gemüse, Fleisch- und Käsewaren angeboten, während sich im Stadtarchiv alle Geschichtsbegeisterten über die Stadt belesen können.

Ein weniger bekanntes, aber für Kassel einst wichtiges Gebäude stellt das **Ständehaus** am Ständeplatz dar. Das Gebäude wurde zwischen 1834 und 1836 im Stil der Neorenaissance als erstes Parlamentsgebäude Hessens erbaut und war anfangs der Sitz des Kurhessischen Parlaments. Nachdem

Kurprinz Wilhelm II. das Gebäude zur Nutzung übertragen bekam, riefen die Landstände immer lauter nach einem neuen Tagungsort. 1833 einigte man sich schließlich auf den Bauort des neuen Tagungsortes am heutigen Ständeplatz. Bis 1866 behielt das Gebäude diese Funktion, dann tagten dort Kommunal- und Provinziallandtage. 1933 wurde die Verwaltung vom Nationalsozialismus instrumentalisiert, was mit Ende des Zweiten Weltkrieges endete. Heute ist es der Sitz des Landeswohlfahrtsverbandes Hessen.

Die **Brüderkirche** auf der anderen Straßenseite des Marstalls ist die älteste Kirche der Stadt, wird aber als solche nicht mehr benutzt. 1298 begann der Karmeliterorden mit ihrem Bau, der um 1376 fertiggestellt werden konnte. Als das Kloster aufgrund der Reformation 1526 aufgelöst wurde, fanden Gottesdienste anderer Kirchen dort statt. Auch diese Kirche wurde in der Bombennacht zerstört, aber wieder aufgebaut. Als 1971 ein neues Gemeindezentrum mit einer „Neuen Brüderkirche" gebaut wurde, wurde die Alte Brüderkirche entwidmet und dient seitdem als Ort für kulturelle und gesellschaftliche Veranstaltungen. Lediglich an besonderen Tagen wie der Osternacht finden dort noch Gottesdienste statt. Über dem Haupteingang befindet sich ein hochgotisches Sandsteinrelief, das 1500 entstand. Von den anderen Gebäuden des Klosters ist nichts erhalten geblieben.

Den Trakt parallel zur Fulda nutzte Landgraf Wilhelm IV im 16. Jahrhundert als sein Kanzleigebäude. Für diesen Baukomplex ist die Bezeichnung **Renthof** geläufig.

Die **Martinskirche** ist die größte Kirche in Kassel, da sie auf dem höchsten Punkt der Stadt errichtet wurde. Mit ihrem Bau wurde 1364 begonnen, bevor sie 1462 eingeweiht wurde. Zur Zeit der Reformation wurde aus der Kirche dann ein protestantisches Gotteshaus, ab 1526 war sie dann evangelisch. Landgraf Philipp I bestimmte die Kirche zur Begräbniskirche des Hauses Hessen.

Die Bauarbeiten, in denen auch mal einige Gewölbe im Hauptschiff einstürzten, verliefen schleppend. Ende des 19. Jahrhunderts erfolgten eine Umgestaltung der Kirche und ihre endgültige Fertigstellung mit Errichtung des Nordturms.

Mit ihren nach dem Zweiten Weltkrieg neu gestalteten Doppeltürmen mit den blau-grün leuchtenden Helmen kann man die Kirche bereits vom Weiten sehen. Hier predigt der Bischof der Evangelischen Kirche von Kurhessen-Waldeck und gleichzeitig ist sie eine offene Kirche. Besucher können sich im Inneren umschauen, die beeindruckende Architektur bestaunen und mehr über ihre Geschichte erfahren. Der Kirchenraum zeigt sich als schlichte helle Halle, die aus zwei Bereichen besteht, die durch eine flexible Glaswand getrennt werden können. Sechs der zunächst acht Steinlöwen zieren nach längerer Abwesenheit wieder die Eingangstüren des Gotteshauses als Hinweis auf das hessische Wappentier und die Bedeutung der Kirche für die hessische Geschichte.

Seit dem Mittelalter ist die Martinskirche das kirchenmusikalische Zentrum der Stadt und der Region. Alle Fenster der Kirche sind Buntglasfenster.

Das **Fridericianum** am Friedrichsplatz entstand 1779. Es war eine weiße symmetrische Dreiflügelanlage mit zwei Geschossen und wurde speziell als eins der ersten öffentlichen Museen in Europa für die landgräfliche Kunstsammlung und die Bibliothek erbaut. Dies war jedoch nicht von Anfang an der Fall, denn in der Zeit von 1810 und 1813 diente das

Fridericianum als Ständepalast. Heutzutage findet dort alle fünf Jahre die Documenta statt. Und auch verschiedene Kunstausstellungen, größtenteils für zeitgenössische Kunst, der Gegenwartskunst und Einzelausstellungen junger internationaler Künstler, werden hier regelmäßig gezeigt. Außerdem ist es Sitz des Kassler Kunstvereins.

Im Krieg wurde das Gebäude schwer beschädigt, bis auf die ausgelagerten Exemplare verbrannten fast alle Bücher im Gebäude oder wurden schwer beschädigt. Während des Wiederaufbaus wurde das Gebäude im Äußeren wiederhergestellt. Im Inneren wurde es kernsaniert und auf drei Geschosse erweitert.

Das Fridericianum ist mit dem Zwehrenturm verbunden und steht dem Ottoneum gegenüber. Damit sind Ober- und Unterneustadt miteinander verbunden.

Der **Druselturm** wurde im Jahr 1415 erbaut und steht heute als kleiner Rest der ehemaligen beeindruckenden Stadtbefestigung von Kassel am Druselplatz. Die Stadtbefestigung wurde bereits 1767 bis 1774 abgetragen. Neben dem Druselturm existiert ansonsten nur noch der Zwehrenturm. Er diente als Wehrturm und als Gefängnis. Man ließ Gefangene durch ein Loch im Boden in die darunterliegenden Verliese. An seinem Platz stellte er jedoch eine Schwachstelle dar, denn unter ihm wurde die Drusel in die Stadt geleitet. Später wurde der Turm als Räucherkammer und Lager für Material und Waffen genutzt.

1905 brannte der Turm aus und wurde ein Jahr später mit einer neuen Haube wieder aufgebaut. Die Bombennacht von 1943 überstand er beschädigt, während die Kassler Altstadt drumherum in Flammen aufging. Heute steht das Gebäude leer und ist bis auf wenige Führungen nicht zugänglich.

Ebenfalls sehenswert ist die **Lutherkirche** am unteren Ende der Königsstraße, die ihren Namen Martin Luther zu verdanken hat. Ihr Bau ging einer Stiftung des Apothekers Fiedler nach, an die eine Auflage zum Bau einer Kirche geknüpft war. 1894 wurde der Grundstein für die Kirche gelegt, die 1897 als dreischiffiger Kirchenbau geweiht werden konnte. Mit 76 Metern ist sie das höchste Gebäude der Stadt.

Die Kirche wurde im Zweiten Weltkrieg schwer beschädigt und anschließend bis auf den Turm abgetragen, um 1970 in unmittelbarer Nähe als Neubau wieder errichtet zu werden. Seit 2012 wird sie nicht mehr als Gemeindekirche genutzt.

Heute ragt sie fast wie eine Skulptur aus dem sie umgebenden Lutherplatz in die Luft. Auf dem Lutherplatz, der parkähnlich um die Kirche herumangelegt ist und einen Ort der Ruhe bietet, befinden sich einige beeindruckend Grabsteine. Hier können Sie beispielsweise den Grabstein der Schwester der Brüder Grimm oder des letzten Kurfürsten Friedrich Wilhelm I. von Hessen entdecken.

Das bedeutendste Bauwerk stellt aber ohne Zweifel der **Bergpark Wilhelmshöhe** dar. Er wurde in Bad Wilhelmshöhe errichtet und liegt damit im westlichen Teil von Kassel. Mit einer Größe von 2,4 km² ist er so groß wie 350 Fußballplätze und damit der weitläufigste Bergpark Europas. Er wurde ab 1696 im barocken Stil angelegt und in den darauffolgenden 150 Jahren stetig erweitert und später teilweise in einen englischen Landschaftsgarten umgestaltet. Damit ist er absolut einmalig in der europäischen Gartenkunstgeschichte: italienische Gärten im Barockstil terrassenförmig an Berghängen mit englischem Stil kombiniert. Heute besteht er aus vielen aufgelockerten Grünflächen und Waldabschnitten, die sich harmonisch mit dem ihn umgebenden Habichtswald verbinden, von dem der Park nicht klar abgegrenzt ist.

Im Bergpark gibt es noch so viel mehr zu entdecken:

Der **Herkules** ist eine Kupferstatue, die 8,30 m bemisst und zwischen 1701 und 1717 erbaut wurde. Ihm als Vorbild diente der griechische Halbgott Herakles, dessen Figur Landgraf Karl von Hessen-Kassel auf einer Italienreise im Jahr 1700 in der Villa Farnese entdeckte. Der Herkules steht auf der höchsten Stelle der Sichtachse auf der Spitze einer Pyramide. Diese steht wiederum auf dem Oktogon, einem Schloss mit Grundriss eines Achtecks, in dem ein Wasserreservoir eingelassen ist. In der Antike bedeutete dieses Urbild eines achteckigen Sterns so viel wie Vollkommenheit. Diese Anlage ist das Wahrzeichen der Stadt und trägt auch den Namen Karlsberg, welcher zurückzuführen ist auf den Bauherren Landgraf Karl. Der Karlsberg ist insgesamt 70 m hoch.

Der Herkules und das Oktogon gehen auf verschiedene Bauphasen zurück. Skizzen aus jener Zeit zeigen, dass ursprünglich noch mehr Baumaßnahmen geplant waren, diese aber niemals umgesetzt wurden. Dies ist darauf zurückzuführen, dass zur damaligen Zeit nur eingeschränkt Mittel für den Bau zur Verfügung standen. Die Figur des Herkules zeigt sich als ein Ebenbild des Herakles. Nachdenklich, leicht vorgebeugt und den Oberkörper nach links gedrehte, neben sich seine Keule, die senkrecht auf einem Felsen steht und ihm als Stütze dient. Die rechte Hand hält auf dem Rücken verdeckt die Äpfel der Hesperiden. Diese stehen für Liebe und Fruchtbarkeit. Das Löwenfell über der Keule steht für Kraft. Die Figur des Herakles symbolisiert ein Herrscherideal. Seit 2013 zählt der Herkules als Beispiel absolutistischer Architektur zum UNESCO-Weltkulturerbe.

Die oben bereits genannte Sichtachse ergibt die Mittelachse des Bergparks. Diese findet ihre Verlängerung in der Wilhelmshöher Allee und endet an der Fünffensterstraße.

Der Herkules ist zudem Ausgangspunkt der Wasserspiele. Die finden alljährlich vom 01. Mai bis zum 03. Oktober immer mittwochs, sonntags und an den hessischen Feiertagen im Kasseler Bergpark statt. Die Wasserspiele entspringen dem Sichelbach-becken, das die vor dem Herkules befindlichen Kaskaden mit Wasser versorgt. Die gesamte Wasseranlage von der Vexierwassergrotte unter dem Herkules bis hin zum Neptunbassin ist 320 m lang, mit dem Oktogon sind es sogar 400 m. Das Wasser durchläuft auf seinem Weg teils unterirdische, teils seitliche kleine Kaskaden. Dann folgt es zentral den großen Kaskaden, einer 250 m lange Steinkonstruktion hangabwärts, die eine vielfach vergrößerte Wassertreppe darstellen soll. Zum Schluss fällt das Wasser 6 Meter tief in das Neptunbassin.

Zu beiden Seiten der Kaskaden verlaufen lange Treppen, die den Besuchern die Möglichkeit geben soll, das Bauwerk zu erklimmen und den Wasserspielen auf ihrem Weg zu folgen. Links sind es 535 Stufen und rechts 539 Stufen. Hier bietet sich also durchaus eine sportliche Herausforderung.

Die ersten Wasserspiele fanden 1714 noch weit vor der Fertigstellung des Gesamtbauwerks statt. Später erweiterte Kurfürst Wilhelm I die Wasserspiele noch um den Steinhöfer Wasserfall, den Wasserfall an der Teufelsbrücke, das Aquädukt und die sogenannte Große Fontäne.

Die Aussicht von diesem beeindruckenden Bauwerk ist schlicht beeindruckend und reicht bis weit in die Ferne.

Das **Schloss Wilhelmshöhe** steht am Platz des damaligen Klosters Weißenstein am untersten Ende der Sichtachse Schloss Wilhelmshöhe-Herkules. Es wurde 1786 bis 1798 im Stil des Klassizismus als dreiflügelige Anlage, die zum Park hin geöffnet ist, erbaut. Zwischen 1891 und 1918 war das Schloss regelmäßig Sommerresidenz der Kaiserfamilie und auch Rückzugsort für Kaiser Wilhelm II während privater und politischer Krisenzeiten. Während der Bombenangriffe von 1944 und 1945 wurde das Schloss getroffen, viele voll ausgestattete Räume blieben aber intakt. Heute enthält es unter anderem die Gemäldegalerie der alten Meister und zeigt den berühmten Weißensteinflügel, der nach dem Umbau nach 1945 die einzig noch erhaltenen Räume des Landgrafen beheimatet. Hier befand sich auch zwischen 1948 und 1976 das Tapetenmuseum.

Außerdem verbirgt sich im südlichen Teil des Bergparks oberhalb von Schloss Wilhelmshöhe die **Löwenburg**. Sie wurde 1793 bis 1801 erbaut und ist die Nachahmung einer englischen Ritterburg aus dem Mittelalter. Zunächst war sie nur als Ruine mit Turm geplant, wurde dann aber als komplette Burganlage erbaut. Die Schlosskapelle wurde mit Objekten mittelalterlicher Kirchen ausgestattet und beinhaltet eine Krypta. Kurfürst Wilhelm I. erbaute sie als Wohnort seiner Geliebten, der Reichsgräfin Hessenstein, und als Rückzugsort für sich selbst. Später wurde er dort auch begraben. Heute gilt die Löwenburg als eines der bedeutendsten Gebäude der Neugotik in ganz Deutschland.

Im Zweiten Weltkrieg wurde die gesamte Anlage schwer beschädigt. Der Wiederaufbau zeichnete sich da eher durch Funktionalität als durch Detailtreue aus und die Arbeiten dauern bis heute an.

Im Bergpark befinden sich außerdem mehrere Gewächshäuser und andere sehenswerte Gebäude.

Dies und noch viel mehr ist im Bergpark Wilhelmshöhe zu sehen. Wer sich genauer informieren möchte, kann dies in einem der beiden Besucherzentren tun. Das Besucherzentrum Wilhelmshöhe befindet sich im alten Stationsgebäude bei der Endhaltestelle der Straßenbahnlinie 1. Das große Besucherzentrum Herkules befindet sich oberhalb des Parks nahe am Herkules. Dort können auch verschiedene

Produkte rund um die Stadt Kassel, beispielsweise Bücher, erworben werden.

Um den Bergpark zu besuchen, können Sie auf öffentliche Verkehrsmittel zurückgreifen: Die Buslinien 23 und 22 verkehren täglich dort und alternativ hierzu können Sie natürlich auch mit der Straßenbahn Linie 1 bis zur Endhaltestelle Wilhelmshöhe fahren. Die Landschaft ist beeindruckend und ich garantiere Ihnen, Sie können den Park so oft besuchen, wie es möglich ist, und er wird Ihnen immer wieder anders begegnen.

Wenn Sie darüber hinaus noch weitere Bauwerke von Kassel besuchen möchten, kann ich das nur begrüßen. Die Möglichkeiten sind hier unzählig.

Erholung

Wer in Kassel auf Erholung aus ist, wird sicher fündig. In nahezu jedem Stadtteil bieten sich Parks und auch Grünanlagen zum Verweilen an. Verschiedene Hotels haben dazu ein passendes Wellnessprogramm im Angebot.

Bergpark Wilhelmshöhe

Dieser weitläufige Park besitzt ein gut ausgebautes Netz an Spazier- und Wanderwegen. Bäume und Sträucher dominieren die Bepflanzung. Dies ist auf das späte 18. Jahrhundert zurückzuführen, als der Park umgestaltet wurde. Die Bepflanzung sorgt für ein Gefühl von Wald bei den Besuchern, obwohl man jederzeit hinab auf die Stadt blicken kann und diese auch binnen weniger Minuten erreichbar ist. Der Park ist für jeden zugänglich, durch seine Lage ist er aber nicht überlaufen. Jeder Besucher kommt bewusst in den Park und hält sich dort auf. Von dort führen Wanderwege hinaus ins Grüne.

Nicht weit entfernt befindet sich der Grund, weshalb Wilhelmshöhe seit 2001 den Titel Bad tragen darf: die Kurhessen-Therme: ein einzigartiges Thermalsolebad in exotisch-fernöstlicher Atmosphäre. Das Wasser entspricht mit seinem Salzgehalt in etwa dem der Nordsee. Sie bietet mit 1200 qm eine große Wasserlandschaft mit Innen- und Außenbecken, Whirlpools und Sprudelliegen.

Eine Einzelkarte für das Thermalbad kostet 14,00 € und ist für 1.5 Stunden gültig. Wem das zu kurz ist, kann seinen Aufenthalt gegen eine Gebühr von 1,00 € jeweils um weitere 15 Minuten, max. jedoch bis zum Preis einer Tageskarte, verlängern. Die Tageskarte kostet 26,00 €.

Für das Thermalbad und die Sauna-Welt kostet

eine Einzelkarte für 1,5 Stunden 15,00 €, aber auch hier kann man eine Verlängerung in Anspruch nehmen. Eine Tageskarte kostet 28,50€.

Für das Thermalbad, die Sauna-Welt und die Traumwelt 1001 Nacht kostet die Einzelkarte für 1,5 Stunden 16,00 €, die Tageskarte ebenfalls 28,50 €. Dazu gibt es noch spezielle Angebote, über die Sie sich an der Kasse informieren können. Die Preise sind dem Angebot angemessen und die Therme ist ein wundervoller Ort zum Abschalten und Erholen.

Zudem befinden sich in Bad Wilhelmshöhe ein Kneipppheilbad und mehrere Gesundheitseinrichtungen, deren Angebot sich von Ayurveda-Medizin über Akupunktur, Homöopathie bis hin zur klassischen Medizin erstrecken.

Karlsaue und Fuldaaue

Die Karlsaue erwähnte ich bereits. Diese beherbergt nicht nur die Orangerie, sondern bildet gemeinsam mit der angrenzenden Fuldaaue einen der größten innerstädtischen Parks, der zugleich einer der weitreichendsten Naherholungsgebiete in Deutschland ist. Die Karlsaue reicht bis an die Innenstadt und den oberhalb gelegenen Friedrichsplatz heran und beinhaltet künstlich angelegte Teiche, Seen und Gräben, die noch heute die barocke Grundidee zeigen. Auf breiten Wegen kann man durch die Parkanlage wandern, die alten Bäume bewundern, sich auf die Wiesen legen und den Vögeln zuhören. In die Fuldaaue, gemeinhin auch bekannt als Buga (nach der Bundesgartenschau benannt), gelangt man über Brücken. Sie wurde 1981 auf dem alten Gelände von Kieswerken für die Bundesgartenschau angelegt. Dort befindet sich ein großer künstlich angelegter See, der im Norden ein ausgedehntes Naturschutzgebiet beherbergt. Dort brüten seltene Vögel, während der südliche Teil als Freizeitort für Besucher freigegeben ist. Ein breiter Damm trennt die beiden unterschiedlichen Anlagen voneinander.

Die Karlsaue ist ein Staatspark und wird vom Land Hessen unterhalten, während die Buga im Stadtteil Waldau liegt und eine städtische Anlage ist.

Weinberg

Ein bis jetzt vernachlässigter Teil Kassels, der aber definitiv mit den vorgenannten Erholungsgebieten mithalten kann, ist der Weinberg. Er liegt mit seiner Gartenanlage und seinem in Bogenform abfallenden Hang imposant im Blickfeld der von Süden her Einfahrenden. Im Mittelalter wurde auf dem Berg Wein

angebaut: Von dort kommt man zum noch verbliebe-
nen Gesindehaus der einstigen Henschelanlage, das
heute als privates Museum für Sepulkralkultur genutzt wird. Die Sepulkralkultur setzt sich mit den
Themen Sterben, Tod, Bestattung und Trauer ausei-
nander. Ziel ist es, mit Aufklärung und Vermittlung
dieser Themen Denkanstöße zu geben und eine
Möglichkeit zu bieten, sich mit diesem allgegenwär-
tigen Thema auseinanderzusetzen. Die Sammlungen
umfassen ca. 20.000 Objekte.

Eine große Brücke führt von dort über die
Frankfurter Straße auf die andere Seite, wo sich die
Aue anschließt. Zwischen 2013 und 2015 wurde auf
dem Weinberg die Grimmwelt erbaut.

Wer Abenteuer mag, kann einen erholsamen
Spaziergang über den Weinberg mit einer Führung
durch die unterirdischen Bunker unter dem Weinberg verbinden. Diese wurden einst für die Lagerung
von Bier genutzt und später zu Luftschutzbunkern
umgebaut. Der gesamte Weinberg ist von Stollen
und Gängen durchzogen und einmal im Monat werden hier Führungen angeboten

Dönche

Das Naturschutzgebiet der Dönche liegt oberhalb von Kassel und wurde früher als Manövergebiet der Bundeswehr genutzt. Es befindet sich als Freifläche zwischen den Stadtteilen Brasselsberg, den Ausläufern des Habichtswaldes, Nordhausen, der im Süden angrenzenden Hochhaussiedlung Brückenhof sowie der westlich gelegenen documenta urbana.

Kommen wir von den großen und bekannten Parks zu einer Auswahl der kleineren Stadtparks:

Goetheanlage

Im Vorderen Westen befindet sich die Goetheanlage und bietet für alle Altersgruppen Beschäftigungsmöglichkeiten an: Dort gibt es einen großen Spielplatz, eine weitläufige Liege- und Grillwiese, einen Generationen-Parcours und verschlungene Wege für Spaziergänge.

Der Park wurde in den 20er Jahren geplant und 1933 fertiggestellt. An seinem Standort schlängelte sich einst die Drusel entlang. 1902 wurde sie begradigt und das Gelände zu einer ebenen Fläche aufgeschüttet, die später mit Rasenflächen bedeckt wurde. Dann wurde der Park der Öffentlichkeit übergeben. 1956 wurde der Park umgestaltet und noch heute ist er sehr belebt und beliebt.

Aschrottpark

Auch der Aschrottpark befindet sich im Vorderen Westen. Er bietet mit seinen verschlungenen Wegen und den großen Rasenflächen gute Möglichkeiten zum Spazierengehen, die aufgestellten Bänke laden zum Verweilen ein. Am Rand der Parkanlage befindet sich ein Tennenplatz zum Spielen. Im Süden steht die Apostelkapelle, die der Evangelischen Friedenskirche Kassel angehört.

Der Park wurde Ende des 19. Jahrhunderts von Sigmund Schrott als Ende des westlichen Endes des Stadtteils angelegt. 1885 wurde der Park zu einem öffentlichen Landschaftspark umgestaltet. Von dort sieht man wunderbar den Bergpark Wilhelmshöhe und den Herkules.

Dorothea-Viehmann-Park

Der Dorothea-Viehmann-Park verbindet die Stadtteile Nieder- und Oberzwehren miteinander. Er trägt den Namen der Märchenerzählerin, deren Erzählungen von den Brüdern Grimm aufgeschrieben wurden. Sie lernten sich 1813 kennen und die Brüder Grimm sahen in ihr eine zuverlässige

Märchenquelle. Im Park stehen Bänke mit Märchenmotiven der Brüder Grimm, außerdem Skulpturen und Kunstobjekte, die die Märchenerzählungen lebendig machen. Verschiedene Obstbäume und Sträucher laden beim Spaziergehen zum Ernten ein.

Kassel besitzt zwei Freibäder sowie zwei Hallenbäder, die zum Schwimmen und Verweilen einladen. Wenn Sie im Sommer in die Stadt reisen, können Sie hier Ihre langen Erkundungstouren ausklingen lassen.

UNTERHALTUNG

Theater & Kino

Wer von Erholung genug hat und gerne etwas unternehmen möchte, findet auch hier eine große Auswahl an Möglichkeiten.

Das Staatstheater wurde 1959 auf dem unteren Friedrichsplatz oberhalb der Karlsaue eingeweiht und bietet heute ein breites Spektrum aus Schauspiel, Tanz, Kinder- und Jugendtheater sowie Konzertbetrieb. Mit seinen 92.000 m² besteht es aus dem Großen und Kleinen Haus. Hier finden beinahe täglich Aufführungen statt. Jedes Jahr werden nahezu 30 Stücke neu inszeniert. Das Opernhaus besitzt 952 Sitze, das Schauspielhaus 540 und im Theater des Fridericianums gibt es zusätzlich 99 Sitzplätze.

Wussten Sie schon?
Das Orchester des Staatstheaters in Kassel gilt als eines der ältesten in Deutschland.

Weiter gibt es in Kassel noch zahlreiche kleinere Bühnen- und Laientheater, deren Programme vielfältig und unterhaltsam sind.

Wer genug von Museen und Theater hat und lieber etwas Neumodisches tun möchte, der findet in Kassel etliche Kinos. Bereits Anfang des 20. Jahrhunderts kamen die ersten Kinos nach Kassel. Viele damalige Stars, zum Beispiel Heinz Rühmann, Maximilian Schell und Johannes Heesters, kamen nach Kassel, um die Premieren ihrer Filme mitzuerleben. Sogar Maria Magdalena von Losch kam 1922 in die Stadt, um dort ihr Leinwanddebüt in dem Film „So sind die Männer" zu geben. Später machte sie international unter dem Namen Marlene Dietrich Karriere.

Kassel selbst durfte auch schon in einigen

Filmen seine beeindruckende Landschaft als Kulisse anbieten, zum Spiel in „Schuld ohne Söhne". Heute kann man sich die großen Blockbuster in Kinos wie dem Filmpalast oder dem Cineplex Capitol ansehen. Kinos wie das Bali oder Gloria haben ein kleineres Filmprogramm und zeigen unter anderem auch kleinere Nischenfilme.

Auch ein Open Air – Kino hat im Hof des DOCK 4 in den Sommermonaten geöffnet, sodass man das Kinoerlebnis für acht Wochen im Freien genießen kann. Gezeigt werden Highlights und Klassiker der Filmgeschichte. Der Eintritt kostet hier 8,00 €, bei Filmen mit Überlänge wird ein 1,00 € zusätzlich berechnet. Die Veranstaltungen finden bei jedem Wetter statt, sodass ein Kinobesuch nicht buchstäblich ins Wasser fallen muss, falls es mal regnen sollte.

Wer sich für Cartoons interessiert, sollte die Caricatura in Kassel besuchen. Sie sitzt im rechten Flügel des Kulturbahnhofs und zeigt seit 15 Jahren ihre erfolgreichen Ausstellungen. Sie ist eines der wichtigen Satire-Zentren in Deutschland.

Kassel ist außerdem Ort vieler verschiedener Festivals, denn die Kasseläner wissen zu feiern. Wenn Sie die Zeit passend gewählt haben, dürfen Sie womöglich einmal Gast eines solchen Festes sein:

Der **Zissel** findet jedes Jahr Ende Juli/ Anfang August an den Ufern der Fulda statt und ist das größte Fest in und um Kassel.

Das **Kulturzelt Kassel** ist ein Musikfestival an der Fulda und findet jedes Jahr über 6 – 7 Wochen am Stück im Juli/ August statt.

Das **Altstadtfest** in Kassel bereitet besonders viel Freude. Es findet alle zwei Jahre im Juni in bestimmten Teilen der Innenstadt, meist um die Martinskirche herum, statt. An den vielen Ständen gibt es allerlei Essen und Kunstwerk zu kaufen.

Das **Brüder-Grimm-Festival** findet meist von Juni bis August statt und zeigt auf einer Freilichtbühne im Park Schönfeld über sechs Wochen ein Musical, das an die Märchen der Brüder Grimm angelehnt ist.

Das **Festival der besten Artisten** findet zur Weihnachtszeit durch den Zirkus Flic Flac statt.

Das **Klassik- Open-Air** findet jeweils an einem Samstagabend im August in der Karlsaue vor der Orangerie statt. Bei freiem Eintritt und einem großen Picknick werden klassische Stücke präsentiert. Die Konzerte enden mit einem grandiosen

Feuerwerk.

Das **Kasseler Dokumentarfilm- und Videofest** findet jeden November statt. Es ist ein internationales Fest unter der Führung des Filmladens.

Zudem gibt es noch andere Beschäftigungsmöglichkeiten: Kassel hat zwei Minigolfanlagen, mehrere Kletterhallen sowie Golfplätze, auf denen man seine Zeit verbringen kann. Falls Sie im Winter einkehren, können Sie den jährlichen Weihnachtsmarkt unsicher machen, der angelehnt an seine Märchenvergangenheit viele Märchenkulissen aufbaut. Außerdem können Sie auch Ski fahren oder rodeln. Angeboten wird dies im Habichtswald mit einer abwechslungsreichen stadtnahen Loipentour sowie im Hohen Gras mit einer leichten bis mittelschweren Piste. Ebenso kann man im unteren Bereich des Hohen Grases auch auf einer Rodelbahn rodeln. Eine hervorragende Schlittenpiste gibt die Hessenschanze ab. Diese kann leicht mit der Straßenbahn erreicht werden.

Schon gewusst?

Wem nach einem Ausflug ist, kann auch den Hessen-courier benutzen. Die Museumseisenbahn fährt mit Dampfzügen an mindestens einem Wochenende im Monat vom Bahnhof Wilhelmshöhe über eine land-schaftlich schöne Strecke in das etwas entfernte Naumburg.

EINKAUFSMÖGLICHKEITEN

Einkaufen kann man hier ebenfalls wunderbar. Die **Königsstraße**, die Haupteinkaufsstraße Kassels, verläuft links und rechts der Straßenbahnschienen vom alten Rathaus bis hinunter zum Stern durch die Innenstadt. Der Königsplatz unterteilt sie in Obere und Untere Königsstraße. Von beiden hat die Obere Königsstraße jedoch mehr Bedeutung. Das Straßen-bild bietet alles von barocken Gebäuden bis zu mo-dernen Häusern.

Das alte **Rathaus** am Beginn der Königsstraße wurde von 1905 bis 1909 aus Gelbsandstein im Ba-rockstil mit Renaissance-Einfluss errichtet. Es wurde im Zweiten Weltkrieg wie viele andere be-deutende Gebäude schwer beschädigt und brannte aus. Später wurde es in vereinfachter Form wieder aufgebaut und ein moderner Anbau auf der Rückseite hinzugefügt, wodurch ein Innenhof entstand. Heute sitzt die Stadtverwaltung im vorderen Bereich, die Stadtbibliothek auf der Rückseite.

Heutzutage ist das Rathaus nicht nur ein Verwaltungsgebäude, sondern auch ein beliebter Ort zum Heiraten. Im Foyer finden außerdem regelmäßig Ausstellungen statt. Vor dem Rathaus befindet sich die Freitreppe, die zu beiden Seiten von hessischen Löwen flankiert wird, was ein schönes Bild abgibt. Rechts neben der Treppe stand einst der 1908 erbaute und 12 Meter hohe Aschrottbrunnen. Dieser wurde von den Nationalsozialisten zerstört, da der Stifter Sigmund Aschrott jüdischen Glaubens war. An gleicher Stelle wurde 1987 ein neuer Brunnen gesetzt. Links der Treppe wurde der Henschelbrunnen 1912 zu Ehren Oscar Henschel errichtet.

Zwischen Rathaus und Friedrichsplatz finden sich allerlei Bekleidungsgeschäfte und Drogerien. Im letzten Jahr hat der einzige Blumenladen dort seine Pforten eröffnet. Ein weiterer findet sich in der am Friedrichsplatz gelegenen Königsgalerie oder am Ende der Unteren Königsstraße.

Am oberen Teil des Friedrichsplatzes befindet sich der **Opern**- oder auch **Spohrplatz**. Um diesen herum angesiedelt ist die Galerie Kaufhof. Von den 1760er Jahren bis Anfang des 20. Jahrhunderts stand dort die Oper, auch Hoftheater genannt. 1909 fand dort die letzte Vorstellung statt. Dann wurde das Gebäude zugunsten des Theaterbaus, das Staatstheaters abgerissen und neu erschlossen. 1911 wurde an dieser Stelle das Kaufhaus Tietz erbaut.

In der Bombennacht brannte das Gebäude vollständig aus. Man entschied sich zugunsten eines Neubaus für den Abriss. 1955 eröffnete der Kaufhof und steht bis heute.

Des Weiteren steht dort das C & A- Gebäude, ehemals als **Palais Waitz von Eschen** erbaut. Bauherr war der Namensgeber Minister Jacob Sigismund Waitz von Eschen. Es wurde eines der elegantesten Stadtschlösser in Kassel. Um das Gebäude wegen des starken Gefälles zu stützen, musste es mit einer entlang der gesamten Fassade verlaufenden Balustrade abgefangen werden. Der Bauherr selbst wohnte nie dort und das Gebäude blieb bis zur Zerstörung im Zweiten Weltkrieg im Besitz der Familie. 1959 wurde die Baulücke mit dem noch heute dort ansässigen C & A- Gebäude geschlossen.

Direkt davor steht heute das Spohr-Denkmal zu Ehren des Hofkapellenmeisters und Komponist an der Kassler Oper Louis Spohr.

Direkt gegenüber von Kaufhof und direkt an der Königsstraße steht die **Königsgalerie**, eine 1995 erbaute Einkaufsgalerie. Das Gebäude ist innen wie außen mit Natursteinen und Buntmetallen verkleidet. Von dort hat man einen wunderschönen Blick hinunter auf den Friedrichsplatz.

Die Symmetrie der einst harmonischen Platzanlage ist inzwischen durch die Neubauten vollständig zerstört.

Geht man weiter die Königstraße hinunter, befindet sich dort die Buchhandlung Thalia, die einzige dominierende Buchhandlung in der Innenstadt. Direkt daneben befindet sich die Drogerie Müller. Dort bleibt fast kein Wunsch offen: Es gibt von Kosmetik über Büroartikeln bis zu Spielsachen nahezu alles. Ein paar Schritte weiter und man befindet sich auf dem Königsplatz.

Der **Königsplatz** wurde 1768 im barocken Stil nach französischem Vorbild kreisrund angelegt. Seinen Namen erhielt er genau wie die Königstraße oder das Königstor von Landgraf Friedrich I., dem älteren Sohn von Landgraf Carl. Der Königsplatz liegt im Zentrum von Kassel und von ihm gehen sechs Straßen ab.

Manchmal konnte man daher vom Mittelpunkt des Platzes aus bei Abendstille ein Echo aus sechs verschiedenen Richtungen wahrnehmen. Der Platz wurde ausschließlich mit Gesteinsarten gepflastert, die aus Hessen stammen. Diese wurden in Form und Farbe entsprechend so zusammengestellt, dass sie unterschiedliche Ringe und im Mittelpunkt ein Muster ergaben. Sie verschwand, als die Gleise im Jahr 1878 verlegt wurden. Um den Platz herum entstanden Gebäude, zunächst allerdings nur auf der Nordseite. Die andere Seite über dem ehemaligen Festungsgraben bestand nur aus aufgeschüttetem und lockerer Erde, die keine schweren Gebäude tragen konnte. Eines der ersten entstand zwischen 1771 und 1772 als „Posthause". Dort wurde die Post ansässig und das Gebäude diente gleichzeitig als Gasthof. Es war ein Vierflügelbau und passte sich der Krümmung des Platzes an. Es war der zentrale Abfahrts- und Ankunftsort für Postkutschen und auch Reisende kamen hier an oder fuhren ab. Im Laufe seines Bestehens wurde das Gebäude mehrfach umgebaut. 1878 wurde es abgerissen und durch einen Neubau ersetzt, dessen Fassade aus Sandstein und rotem Backstein bestand. Auch dieses Gebäude war nicht von Dauer. Heute steht dort Peek & Cloppenburg. Bis dahin zählte es zu den wirtschaftlichsten Gebäuden der Stadt.

Auf der Südseite entstanden die „Hallen" auf dem lockeren Boden. Dies sind zwei Holzkonstruktionen, die jeweils drei Pavillons mit Läden und Gewölben enthielten. Später wurde die Schule für beide Geschlechter in die Hallen verlegt. Flankiert wurde sie vom Posthaus und dem Palais. 1829 fiel die erste Halle zusammen, die zweite wurde 1886 abgebaut und durch andere Häuser ersetzt.

Dort, wo heute die Commerzbank und die Müller-Filiale ihren Sitz haben, wurde ab 1767 das **Palais Hessen-Rotenburg** erbaut. Es war ein Gesamtministerium, bis es später als Regierungspräsidium diente. Lange war dort ein neues Rathaus für Kassel geplant, diese Idee wurde jedoch zugunsten eines Bank- und Geschäftshauses verworfen. Neben der Bank nahm das Gebäude noch ein Modehaus und das UFA-Theater auf. Dieses bis dahin größte Kino der

Stadt wurde erst 1969 geschlossen. Dem Gebäude gegenüberliegend beherbergte in den 40er Jahren ein Hotel.

Einst war in der Mitte des Königplatzes ein Standbild von Landgraf Friedrich I. geplant. Stattdessen wurde ein Zaitenstock erbaut, Endstellen eines Röhrensystems. Während der französischen Fremdherrschaft wurde ein Standbild Napoleons auf den Königsplatz abgestellt, für dessen Sockel der Zaitenstock diente. 1813 wurde die Figur wieder entfernt und auch der Zaitenstock stand dort nicht mehr lange. 1877 verschwand das geliebte Echo auf dem Platz, als die Dampftram die Gleise verlegte und sich ein Markt auf dem Platz entwickelte. Über diesen Markt wurde lange diskutiert, denn der um den Königsplatz führende Straßenverkehr fühlte sich durch die Menschenmassen gestört.

Dort wo heute das Citypoint- Gebäude steht, wurde 1882 die neue **Hauptpost** eingeweiht. Rund um den Königsplatz wurden viele Hotels betrieben und florierten bis zum Ersten Weltkrieg. Danach wurde das Reisen durch die Bahn beliebter und die Hotels gruppierten sich rund um den Hauptbahnhof. Im Citypoint befinden sich heute alle möglichen

Geschäfte. Den Großteil machen Bekleidungsgeschäfte aus, aber auch Juweliere, Lebensmittelläden
und ein Multimediageschäft befinden sich dort.

Um den Königsplatz herum befinden sich heute
nach einer erneuten Umgestaltung 36 Wasserspeier
aus Bronze.

Etwas weiter oberhalb des Citypoints in der
Mauerstraße befindet sich weiter die **Kurfürsten-
galerie**. Sie wurde 1991 als älteste Einkaufsgalerie
der Stadt eröffnet und 2004 komplett umgebaut.
Dies hatte zum Ziel, Einkaufen, Kultur, Gastronomie
und Wellness zu verbinden. Heute befinden sich dort
ein Sportstudio, mehrere Gastronomiestände, die
für jeden Hunger etwas Passendes anbieten, sowie
Juweliere und Einkaufsgeschäfte.

Etwas abseits gelegen, sehr dicht an der An-
schlussstelle zur Autobahn A 49, gibt es noch das
DEZ (Diskont-Einkaufs-Zentrum). Es wurde ab 1967
erbaut und war damals das Sechste seiner Art in
Deutschland. Gegründet wurde das Unternehmen
1897 von den Brüdern Credé, die die Schreinerei ih-
res Vaters in eine weltweit agierende Firma verwan-
delten. Es wurden Waggons, Straßenbahnwagen,
Omnibusse und vieles mehr hergestellt. Als das

Unternehmen in finanzielle Schwierigkeiten geriet, wurde die Firma von einer Dortmunder Firma übernommen. 1967 wurde diese dann stillgelegt und die Fabrik abgerissen: Das DEZ wurde erbaut und öffnete mit zunächst 16.000 qm Verkaufsfläche seine Pforten. 2013 öffnete der Neubau mit einer Verkaufsfläche von nun 30.000 qm. Vom Fabrikgelände ist nur noch wenig zu sehen, übrig geblieben ist die Industriellenvilla an der Frankfurter Straße. Das Einkaufszentrum ist mit der Buslinie 24 oder mit der Straßenbahn gut zu erreichen.

LOKALITÄTEN

Für Beschäftigung und Unterhaltung am späten Abend ist ebenfalls gesorgt. Kassel hat mehrere Bars und Kneipen, in denen man gut trinken und lecker essen kann:

- The Hemingway Club: stimmungsvolle Cocktailbar in einem Kellergewölbe mit Wandgemälden und Raucherlounge.
- Maya Coba: Restaurant mit internationaler Küche, Cocktailbar und Lounge, mit Palmen dekoriert.
- Bolero: Schöne Aussicht ist Programm!

Amerikanische Küche mit Cocktailbar mit Aussicht auf die Karlsaue.

- Café del Sol: Restaurant und Cocktailbar in einer Location mit amerikanischen Baustil mit einem breiten Angebot, von Frühstück bis Dinner mit einer fröhlichen Atmosphäre.

Wer etwas Außergewöhnliches sucht, kann einem Krimi Dinner einmal beiwohnen. In Kassel bieten dies mehrere Hotels an, z. B. die Orangerie oder das Best Western Plus Hotel.

Auch für Büchernasen gibt es das passende Café: das Bücher-Café in der Germaniastraße. Dort gibt es nicht nur Leckeres zu essen, dort finden auch verschiedene Lesungen statt.

Wem nach Tanzen zumute ist, kann sich einmal diese Lokalitäten genauer ansehen:

- Gleis 1: Restaurant, Lounge und Bar im Kulturbahnhof mit Live-Musik und Ü-30-Partys in einer lockeren Atmosphäre.

- York: Club in Innenstadtnähe mit ausgefallener Lichtinstallation.

Wussten Sie schon?
Jeden Sommer findet der Zissel am Fuldaufer statt.
Es ist in der ganzen Region bekannt und sehr beliebt.

Kulinarisch hat Kassel alles zu bieten, was Sie sich nur wünschen könnten. Natürlich überwiegt das Angebot verschiedener Italiener, daher beziehen sich meine Restauranttipps nicht nur auf diese. Schauen wir sie uns einmal an:

- Restaurant Abessina: Restaurant mit ostafrikanischer Küche und Kaffeezeremonien. Die Bedienung ist sehr freundlich und das Essen reichlich. Hier fühlt man sich im afrikanischen Stil willkommen.

- Restaurant Safran: Restaurant mit persischer Küche, auch hier ist die Bedienung sehr freundlich und hilft bei der Auswahl, wenn man sich in der Speisekarte verliert. Gereicht wird vorher eine kleine Köstlichkeit des Hauses.

- Restaurant Forsters: Restaurant mit australischer Küche und Burgern in heimeliger Atmosphäre. Die Steaks sind sehr gut und die Bedienung locker und freundlich.

- Restaurant Fratelli: Restaurant mit italienischer Küche. Das Ambiente und der Service heben sich von anderen Lokalitäten ab und sind daher erwähnenswert. Trotz der vielen Tische hat man es privat und man kann eine gute Zeit dort verbringen.

- Eckstein: Lokalität mit ausgemachter europäischer Küche in gemütlicher Biergarten - Atmosphäre, die zum Verweilen einlädt. Aus den Fenstern hat man freien Blick auf das Rathaus und die Fünffensterstraße.

- Salzburger Stuben: Restaurant mit bayerisch-österreichischer Küche.

- Tokyo Running Sushi: japanische Sushibar und Restaurant. Die Sushibar befindet sich auf einem Laufband und bietet unterschiedliche leckere Speisen an, die man sich beim Vorbeifahren bequem herunternehmen kann.

- Enchilada: Mexikanisches Restaurant mit Cocktailbar, das Essen ist gut gewürzt und das Personal sehr freundlich.

- ALEX: Lokalität mit frischem Frühstücksbuffet und einer bunten Speisekarte mit leckeren Cocktails.

Diese Lokalitäten befinden sich größtenteils in der Innenstadt. Noch ein Ausgehviertel bietet die Friedrich-Ebert-Straße, die fußläufig erreicht werden kann. Diese lange Straße wurde erst umgebaut und bietet etliche Kneipen und Restaurant zum Feiern und Verweilen.

Tipps für den kleinen Geldbeutel

Sie möchten Ihren Aufenthalt in Kassel kosten-günstig gestalten? Dann empfehle ich Ihnen als Unterkunft das B & B Hotel. Dort sind Zimmer ab 60,00 € die Nacht zu haben. Möglich wäre auch eine Unterkunft im Golden Tulip ab 77,00 €. Noch günstiger sind aber private Zimmervermietungen oder Pensionen, die Zimmer meist ab 20,00 € pro Nacht anbieten.

Viele Kultureinrichtungen geben Sparfüchsen die Möglichkeit, Kultur auch mit wenig Geld zu erleben. So ist beispielsweise eine Stadtrundfahrt für Erwachsene bereits ab 16,00 € möglich. Inhalt solch einer Stadtrundfahrt sind alle großen Bauwerke von Kassel und es wird viel zur Geschichte der Stadt erklärt. Sofern ein Gebäude es Ihnen besonders angetan hat, werden Sie dann aber doch nicht drumherum kommen, das Geld für einen Besuch zu investieren, um es besser kennenzulernen. Das Naturkundemuseum bietet seine Tageskarte zum Beispiel für 2,00 € an, wenn keine Sonderausstellung stattfindet, anderenfalls kostet die Karte 4,50 €.

Die Parkanlagen in Kassel sind kostenlos, ebenso kann man ohne Eintritt in die Markthalle, wo Lebensmittel und Dekorationsmittel von Donnerstag bis Samstag zu günstigen Preisen zu erwerben sind.

Unnützes Wissen über Kassel

Dieses Wissen wird niemand abfragen, kann aber ganz gut sein, es zu besitzen:

- Die Stadt befindet sich unmittelbar an der niedersächsischen Grenze und nur 70 km in nordwestlicher Richtung vom geografischen Mittelpunkt Deutschlands entfernt.
- Nach Meinung vieler Bürger gehört das Weckewerk zu den Spezialitäten von Kassel. Dies wird aus Fleischnebenprodukten hergestellt. Genauso wird

die Ahle Wurscht und der Speckkuchen als zu Kassel gehörig angesehen.

Kasseler ist jedoch keine regionale Spezialität, sondern wurde nach dem Berliner Metzger Cassel benannt.

- Zwischen 1923 und 1927 fanden Autorennen im Bergpark Wilhelmshöhe statt, weit bevor es auf dem Nürburgring Rennen gab. Als Trophäe gab es den Bergpreis zu gewinnen. Von 1951 bis 1954 belebten Motorradrennen die Strecke zu neuem Leben, bis sie aufgrund der Bundesgartenschau beendet wurden. Seit 2005 gibt es im Bergpark wieder Rennen. Oldtimer werden über die ehemaligen Streckenabschnitte geführt, die an die damalige Zeit erinnern sollen.

- Jedes Jahr findet in Kassel die Connichi statt, eine dreitägige Anime-Messe. Sie ist die größte Anime- und Manga- Veranstaltung in Deutschland und wird vollständig ehrenamtlich von Fans für Fans organisiert. Seit 2003 findet sie im Kongress Palais in Kassel statt.

- Die Treppenstraße wurde 1953 eingeweiht und ist heute die älteste Fußgängerzone Deutschlands. Auf 104 Stufen überwindet sie 15 m Höhenunterschied.

- 1955 fand die erste Documenta statt.

- Kassel war die erste deutsche Großstadt, in der 1961 die Parkscheibe eingeführt wurde.

- Die Eishockeymannschaft von Kassel nennt sich „Kassel Huskies" und wurde 1977 gegründet. Ihren Sitz hat sie in der Kassler Eissporthalle, die gleichzeitig auch eine Eislauf- und Konzerthalle ist. Sie befindet sich südlich der Innenstadt an der Frankfurter Straße nahe der Autobahnzufahrt A 49. In unmittelbarer Nähe befinden sich das Auestadion sowie die Großsporthalle Auepark.

- Philipp Scheidemann wurde in Kassel geboren und rief den Zusammenbruch des Deutschen Kaiserreichs und dann die Deutsche Republik aus. Er war auch Oberbürgermeister der Stadt.

- Im Traffic-Index liegt Kassel bundesweit auf Platz acht und damit noch vor Frankfurt oder Köln. Von der Stadt wird dieses Ergebnis jedoch bestritten, da Kassel nicht vergleichbar mit anderen Großstädten oder gar der Bundeshauptstadt sei.

- Kassel weist keine größere Kriminalitätsrate auf

- Falls eine Toilette benötigt wird, sind frei zugängliche Toiletten im Rathaus, im Toilettenhäuschen am Busparkplatz am Ottoneum (Nutzungsgebühr 50

Cent) und am Toilettenhäuschen an der Goetheanlage (Nutzungsgebühr 50 Cent) zu finden.

Abschließendes Wort

Nicht jeder, der Kassel besucht, findet die Stadt von Anfang an schön. Die grauen 50er-Jahre Bauten und die mitunter auch mal leeren Plätze können langweilig und abstoßend wirken. Aber man sollte diese bezaubernde Stadt, die viel durchgemacht hat und immer noch steht, nicht so schnell abschreiben. Man sollte ihr Zeit geben und sie kennenlernen, dann begreift man ihren Wert. Sie hat viel an Geschichte, Kultur und Spaß zu bieten. Und sie ist bereit, alles mit ihren Besuchern zu teilen, wenn man sich auf sie einlässt. Ich kann Ihnen daher nur empfehlen: Gehen Sie mit dieser Stadt aus, führen Sie ein tiefsinniges Gespräch mit ihr, essen Sie in entspannter Atmosphäre, dann wird Ihnen diese Stadt alles geben, was Sie von ihr möchten. Diese Stadt wird nicht jeden verzaubern können, aber die, die verzaubert werden, kommen auf jeden Fall wieder.

Viel Spaß!

Packliste

Geld & Finanzen

O (evtl.) Auslandswährung
O Bargeld
O Bauchtasche
O Brustbeutel
O Bauchtasche
O EC-Karte
O Kreditkarte
O Notfall-Telefonnummern der Banken
O Portmonee

Hygiene

O Haarbürste / Kamm
O Deo (klein)
O Shampoo
O Kulturtasche
O Sonnencreme
O Taschentücher

O Reise-Zahnbürste und Zahnpasta
O Verhütungsmittel

Kleidung

O Badeklamotten
O Gürtel
O Hosen kurz / lang
O Mütze / Cap / Hut
O Pullover
O Regenjacke
O Schlafanzug
O Socken
O Sonnenbrille
O Sportklamotten / Jogginghose
O T-Shirts
O Unterwäsche

Medikamente

O Blasenpflaster
O Anti-Durchfalltabletten
O Erste-Hilfe-Set

O Fiebertabletten
O Fiebertabletten
O Mückenschutz
O sonstige Medikamente
O Pflaster
O Kopfschmerztabletten

Unterlagen & Papiere

O ADAC Unterlagen
O Adresslisten für Postkarten
O Krankversicherungsnachweis
O Stadtplan
O Führerschein
O Unterlagen für die Unterkunft
O Wasserdichte Hülle für Reiseunterla-
gen
O Impfausweis
O Mietwagenunterlagen
O Personalausweis
O Reisepass
O Reisetagebuch
O evtl. Studentenausweis

O evtl. Visum
O Zug- / Bahn- / Flugticket

Taschen & Rucksäcke

O Koffer / Trolley / Reisetasche
O Regenhülle für Rucksack
O Rucksack

Schuhe

O Badeschlappen / Hausschuhe
O Schuhe und Wechselschuhe

Sonstiges

O Brille / Kontaktlinsen und Etui
O Buch zum Lesen
O Ohrenstöpsel und Schlafmaske
O Regenschirm
O Reisedecke
O Wasserflasche
O Wörterbuch

Elektronik

O Digitalkamera
O Handy
O Ladekabel
O Kopfhörer
O evtl. Steckdosenadapter
O Power-Bank

Herstellung und Verlag:

BoD – Books on Demand, Norderstedt

ISBN: 9783750494145

© Lina Klein 2020

1. Auflage

Kontakt: Psiana eCom UG/ Berumer Str. 44/ 26844 Jemgum

Covergestaltung: Fenna Larsson

Coverfoto: depositphotos.com

FSC
www.fsc.org

MIX

Papier aus ver-
antwortungsvollen
Quellen
Paper from
responsible sources

FSC® C105338